Poèmes à compléter au fil des mois

Betsy Franco

Texte français de Louise Prévost-Bicego

Éditions
SCHOLASTIC

Pour Joanie, qui m'aide à écrire tout au long de l'année

Conception graphique de la page couverture : Jason Robinson
Illustrations de la page couverture et de l'intérieur : Maxie Chambliss
Conception graphique de l'intérieur : Solutions by Design Inc.

ISBN 978-1-4431-0143-1

Titre original : Instant Poetry Frames Around the Year

Édition publiée par les Éditions Scholastic,
604, rue King Ouest, Toronto (Ontario) M5V 1E1.

5 4 3 2 1   Imprimé au Canada 117   10 11 12 13 14

STRUCTURES DE POÉSIE

Septembre

Octobre

Novembre

Décembre

Janvier

Février

Tout au long de l'année, les enfants peuvent être des poètes très créatifs. Le présent ouvrage propose des structures simples et des débuts conçus pour leur permettre de se lancer avec confiance dans la poésie. Ces structures de poésie sous forme de fiches aux thèmes familiers suivent les mois, de septembre à juin. À la fin de l'année scolaire, chaque enfant aura créé un recueil de poèmes qu'il pourra relire avec fierté.

Qu'est-ce qu'une structure de poésie?

La structure de poésie est une « invitation » à la poésie, sur pages reproductibles, d'emploi rapide et facile. L'élève est invité à remplir les blancs pour faire un poème simple en ajoutant des mots ou des phrases. Certaines structures consistent en des lignes en blanc accompagnées de questions et de conseils pratiques. Chaque fiche du présent recueil procure aux enfants une structure qui encadre l'activité d'écriture et les encourage à écrire. Des indices visuels stimulent l'imagination pour trouver des idées et illustrer la poésie.

Pourquoi utiliser des structures de poésie?

Pour développer les habiletés d'écriture et répondre aux normes des arts du langage

Écrire de la poésie nécessite de la confiance en soi. Les structures de poésie soutiennent les enfants dans l'acquisition d'un vaste éventail d'habiletés d'écriture. Elles incitent les jeunes poètes non seulement à écrire, mais aussi à y prendre goût en les aidant à accomplir, entre autres, ce qui suit :

* Écrire divers genres de poèmes
* Organiser leurs idées
* Mettre en séquence des événements
* Utiliser des images à l'appui d'un texte
* Mettre l'accent sur certaines catégories grammaticales
* Mettre en pratique les conventions mécaniques dans leur écriture
* Écrire avec divers objectifs en tête (divertir, informer, expliquer ou décrire)
* Réviser et relire leur travail
* Utiliser des stratégies de préécriture afin de planifier le travail écrit
* Et plus encore!

Pour exposer diverses formes de poèmes

Le présent recueil inclut une variété de formes poétiques formelles et informelles, soit des poèmes d'énumération, des devinettes, divers poèmes visuels (c.-à-d. concrets), des acrostiches et une variation du poème en losange. Il contient aussi des poèmes de deux mots, de directives, de questions et de collaboration.

Pour individualiser l'enseignement

Les différentes structures requièrent des degrés variables de participation de la part des élèves. Certaines les invitent à insérer des mots, d'autres, à écrire un poème au complet. Cette variation permet d'individualiser l'enseignement, car elle laisse chaque enfant participer à son rythme.

Pour encourager la libre expression

Les structures de poésie permettent aux élèves d'exprimer leurs préférences, leurs opinions et leurs sentiments à propos d'aspects familiers de leur monde. On les encourage, par exemple, à se présenter, à écrire ce qu'ils ressentent la première et la dernière semaine d'école et à faire une liste de leurs gâteries d'Halloween préférées. Ils peuvent aussi écrire au sujet de leurs parents, de leurs souvenirs de famille et de leurs amis. Ces incitations les encouragent à jouer avec les mots et à puiser dans leur imagination pour s'exprimer.

Pour aborder les éléments de base de la poésie

Des éléments du langage poétique sont intentionnellement intégrés dans le présent ouvrage. Des exemples de comparaison, de métaphore, de personnification, d'allitération et d'onomatopée y figurent. Les élèves sont invités à utiliser des mots d'action énergiques et des mots descriptifs pour dépeindre une scène. On les encourage aussi à jouer avec différentes catégories grammaticales, soit les noms, les adjectifs et les mots d'action (verbes).

Pour sensibiliser à la rime et au rythme

Les structures de poésie sont simplement des poèmes à compléter. Amusantes à écrire et à réciter à voix haute une fois terminées, elles contiennent souvent des syntagmes répétitifs ou encore des couplets ou des quatrains qui riment et figurent au début et à la fin du poème. Certains poèmes riment du premier au dernier vers, mais dans la plupart des cas, les enfants peuvent composer sans se soucier des rimes. Une liste de mots qui riment est fournie à quelques endroits pour faciliter l'écriture.

Pour intégrer les maths, les sciences et les études sociales au programme des arts du langage

La poésie incorpore aisément d'autres matières du programme scolaire. Dans le présent recueil, la structure de poésie « Pensées pour le 100ᵉ jour d'école » aborde les mathématiques, alors que « Animaux de l'Arctique », « Vive l'hibernation! », « Bébés animaux », « Cycle de vie du papillon », « Animaux du jardin » et « Visite au zoo » sont tous des thèmes liés aux sciences, tout comme bon nombre de poèmes ayant trait au temps qu'il fait et aux saisons.

Utilisation des structures de poésie en classe

Chaque poème peut s'écrire individuellement, en petit groupe ou en collaboration avec toute la classe. Vous pourriez procéder comme suit :

1. Faire une copie de la structure de votre choix pour chaque élève. Commencer par présenter la structure au groupe. Lire les directives ensemble et écrire un exemple avec la classe.

2. Remettre aux élèves une copie de la structure reproductible et leur demander de la compléter avec un crayon à mine et des crayons de cire ou des marqueurs.

3. Circuler dans la classe pour vous assurer que tous les élèves sont absorbés et leur donner des idées, au besoin.

Une fois les poèmes terminés, souligner les efforts des enfants en leur proposant les activités suivantes :

* montrer leur poème à un partenaire ou à un petit groupe
* le lire à la classe ou à un élève plus âgé
* copier les poèmes sur des feuilles blanches et les illustrer pour créer une exposition
* compléter des structures dans un centre d'alphabétisation
* réunir les poèmes dans un recueil collectif pour la bibliothèque de la classe
* afficher les poèmes sur des babillards
* apporter les poèmes à la maison pour les montrer à leur famille
* transposer les poèmes sur des cartes pour tableau à pochettes (écrire chaque poème sur une carte blanche à afficher et à faire réciter par la classe.)
* présenter les poèmes sous forme de saynète
* relier tous les poèmes pour créer une anthologie
* organiser une séance de poésie durant laquelle chaque élève lit son poème à la classe

Structures de poésie

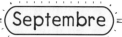

1. Écris un poème pour te présenter.
2. Fais ensuite un dessin de toi-même.

Je me présente

Je m'appelle _____.

Je suis en _____ année.

À l'école, je trouve que _____ est vraiment fantastique.

J'aime bien faire _____.

Je _____ avec mes camarades.

Je _____.

Voilà, c'est moi!

Fin.

de _____

Poèmes à compléter au fil des mois – Éditions Scholastic

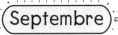

Écris un poème comme si tu écrivais ton journal personnel. Décris ce que tu as ressenti au cours de la première semaine d'école. Tu peux, si tu le désires, utiliser des mots de l'encadré.

excité	fâché
triste	heureux
surpris	ravi
effrayé	plein d'espoir

Mon cher journal,

Je viens de commencer une nouvelle année scolaire.

J'éprouve toutes sortes de sentiments.

Aimerais-tu savoir lesquels?

Je suis _____

de voir tous mes amis.

Je suis _____.

Je suis _____.

Je suis _____.

Que de sentiments

j'ai déjà éprouvés _____, _____, _____,

et ça ne fait que

(Écris ici certains de tes sentiments.)

commencer!

_____

1. Écris une devinette à propos d'un objet de la classe.

2. Donne au moins trois indices.

Exemple :

> *L'un de mes bouts est beige et lisse.*
> *L'autre doit être aiguisé.*
> *Je laisse des traces lisibles*
> *si tu me fais glisser sur du papier.*
> *Que suis-je?*

Tu peux écrire à propos de l'un des objets dans l'encadré ou d'autre chose. Ta devinette ne doit pas nécessairement rimer. Demande à un camarade de deviner ce que tu as décrit.

papier	marqueurs
livres	règles
ciseaux	balle
chaise	drapeau

Devinette de salle de classe

_____

_____

_____

_____

_____

Que suis-je?

de _____

Poèmes à compléter au fil des mois – Éditions Scholastic

1. Dans les deux premiers blancs du poème, écris des mots descriptifs.
   Quelles sortes de feuilles vois-tu à l'automne?

2. Dans les cinq derniers blancs, écris des mots d'action.
   Que peux-tu faire quand tu joues dans les feuilles?

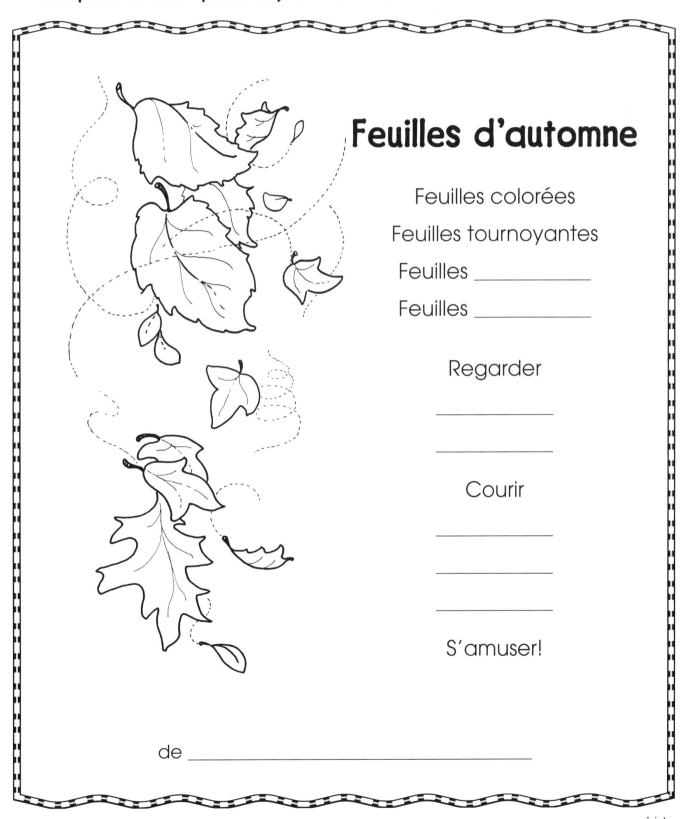

Feuilles d'automne

Feuilles colorées

Feuilles tournoyantes

Feuilles _____

Feuilles _____

Regarder

_____

_____

Courir

_____

_____

_____

S'amuser!

de _____

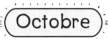

Pour quels bienfaits es-tu reconnaissant à l'Action de grâce?

1. Écris un mot ou une phrase commençant par chacune des lettres du mot
« **Bienfaits** ». **Exemple :** *Bon repas avec ma famille*

2. Fais le dessin d'un bienfait pour lequel tu dis merci.

Reconnaissance à l'Action de grâce

B _____

I _____

E _____

N _____

F _____

A _____

I _____

T _____

S _____

de _____

Poèmes à compléter au fil des mois – Éditions Scholastic

1. À côté de chaque mot, écris son contraire.

haute, _____   énorme, _____   bosselée, _____   pourrie, _____

propre, _____   effrayante, _____   lourde, _____   lustrée, _____

2. Complète le poème suivant à l'aide de ces paires de mots contraires.

Les citrouilles

Une citrouille _____

Une citrouille _____

Une citrouille ronde à faire rouler.

Une citrouille _____

Une citrouille _____

Une bonne citrouille à cuisiner.

Une citrouille _____

Une citrouille _____

Une drôle de citrouille à sculpter.

Une citrouille _____

Une citrouille _____

Une citrouille à illuminer.

de _____

Poèmes à compléter au fil des mois – Éditions Scholastic

13

En octobre, on récolte les pommes. Décris la dégustation de ta pomme préférée. Pour trouver des idées, pose-toi les questions suivantes :

Quelle forme a ta pomme préférée?

De quelle couleur est-elle?

Comment est-elle au toucher?

Quelle odeur a-t-elle?

Quel son fait-elle quand tu en prends une bouchée?

Quel goût a-t-elle?

Comment te sens-tu après l'avoir mangée?

Délice du temps des pommes

Ma pomme préférée _____

_____ .

Elle _____

_____ .

Elle _____

_____ .

Elle _____

_____ .

_____

_____

de _____

Poèmes à compléter au fil des mois – Éditions Scholastic

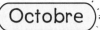
1. Décris les gâteries d'Halloween que tu aimes et celles que tu n'aimes pas.

2. À chaque ligne du poème, écris seulement deux mots.

    Exemple : *caramels mous*
              réglisse rouge

3. N'utilise pas le nom commercial des bonbons. Décris-les!

Tri des gâteries à l'Halloween

Gâteries que j'aime :

_____   _____

_____   _____

_____   _____

_____   _____

Gâteries que je n'aime pas :

_____   _____

_____   _____

_____   _____

_____   _____

Mais à l'Halloween, tout s'arrange,
car on peut faire des échanges!

de _____

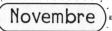
1. Imagine quels moyens de locomotion à roues les enfants pourraient utiliser pour se rendre à l'école. Voici quelques idées :

| planche à roulettes | voiture | autobus |
| bicyclette | | trottinette | camion |

2. Écris une phrase entre chaque rayon de la roue.

3. Écris le son que produit chaque moyen de locomotion ou ce qu'il fait.

   Exemples : *Les planches à roulettes font vram-vram-vram.*

   Les trottinettes se faufilent partout.

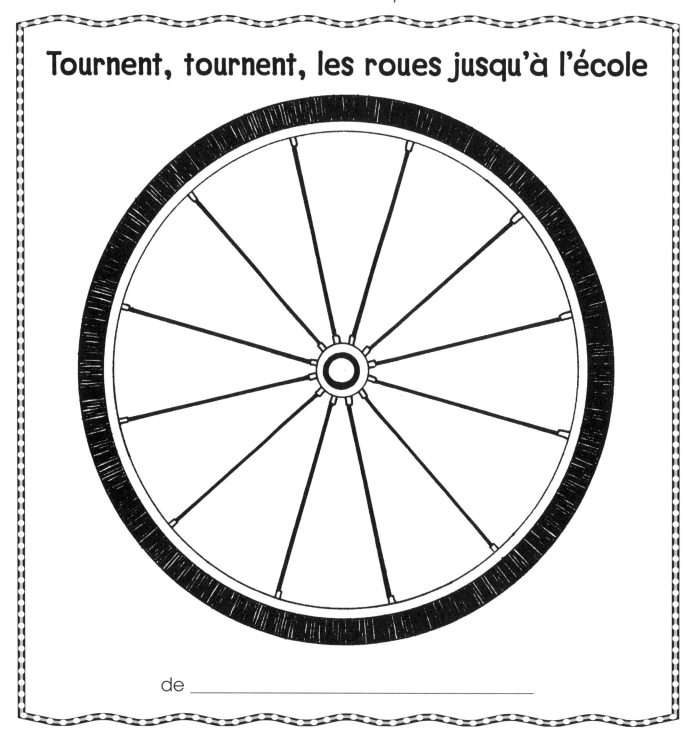

Tournent, tournent, les roues jusqu'à l'école

de _____

Poèmes à compléter au fil des mois – Éditions Scholastic

Quel est ton livre préféré?

1. Écris son titre sur le livre, à droite.

2. Remplis les blancs ci-dessous pour compléter le poème.

Sers-toi des questions suivantes pour t'aider.

Questions :

Qu'aimes-tu faire dehors?

Quel est ton sport préféré?

Quel aliment trouves-tu délicieux?

Quelle activité trouves-tu réconfortante?

Qu'est-ce que tu as toujours hâte de faire?

Mon livre préféré

Lire mon livre préféré,
c'est comme boire une tasse
de chocolat chaud durant l'hiver.

C'est comme _____ .

C'est comme _____ .

C'est comme _____ .

C'est super!

de _____

C'est amusant d'inventer des mots.

1. Imagine que tu es malade et complète le poème suivant.

2. Invente tes propres mots.

      Exemples : *molli-mollo*
                    gargouillanteux
                    ébouriffous

Quand je suis malade

Quand je suis malade,

ma tête est chaude.

Je me sens tout _____.

Mes yeux sont très _____

et mon estomac devient _____.

Mes cheveux ont l'air _____.

Mon nez est _____.

Puis un matin,

Je me sens bien mieux.

Zapeti-zoume,

Je retourne à mes jeux!

de _____

Poèmes à compléter au fil des mois – Éditions Scholastic

Remplis les blancs avec des mots d'action pour faire deux poèmes.
Tu peux utiliser les mots dans l'encadré, si tu le veux.

Mots d'action :

marcher	trembler	frissonner	enfouir	sauter
cacher	courir	sillonner	traverser	blottir

Vent froid d'hiver

Le vent froid me _____ jusqu'aux os.

Je _____ , je grelotte.

Mes mains _____ dans mes gants chauds.

Je _____ dans la neige à grands pas.

Je me _____ sous ma douillette une fois chez moi!

Vent froid d'hiver

Le vent froid me _____ jusqu'aux os.

Je _____ , je grelotte.

Mes mains _____ dans mes gants chauds.

Je _____ dans la neige à grands pas.

Je me _____ sous ma douillette une fois chez moi!

de _____

Lequel de ces poèmes préfères-tu? Marque-le d'une étoile.

Un poème d'énumération contient une liste.

1. Remplis les blancs en complétant le poème farfelu ci-dessous. Énumère toutes sortes de choses dans ta chambre.

2. Fais le dessin d'un objet recouvert de neige dans ta chambre.

S'il neigeait dans ma chambre

Si la neige tombait

dans ma chambre tout doucement,

mon _____,

ma _____,

et mes _____

seraient garnis de blanc.

Ma _____

et mon _____

deviendraient scintillants.

Ma_____

et ma _____

brilleraient comme des diamants.

Si la neige tombait

et couvrait tout de blanc

ma chambre deviendrait

un endroit étonnant!

de _____

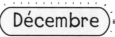
**Compose un poème sur les animaux de l'Arctique.
Amuse-toi à utiliser plusieurs fois le même son.**

Animaux de l'Arctique

Le lièvre <u>a</u>rctique ne bouge p<u>as</u>.
Il reste l<u>à</u>, sans faire un p<u>as</u>.

I<u>l</u> entend hu<u>l</u>u<u>l</u>er <u>l</u>e hibou
qui fait une ha<u>l</u>te l<u>à</u>-haut.

Il voit une <u>f</u>amille de <u>ph</u>oques a<u>ff</u>amés. _____.

Il remar<u>qu</u>e un renard _____ <u>qu</u>i _____.

Il voit <u>p</u>asser un _____ ours <u>p</u>olaire aux <u>p</u>attes _____.

Il <u>s</u>ent la neige <u>s</u>oyeuse qui tombe _____ sur <u>s</u>on nez.

Le lièvre arctique reste l<u>à</u>
sans boug<u>er</u>.
Puis, d'un bond, il s'en v<u>a</u>
sur les pentes gla<u>c</u><u>é</u><u>es</u>.

de _____

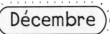

Les réunions de famille sont au cœur du temps des fêtes. Décris des moments passés en famille qui t'ont particulièrement touché. Il peut s'agir de souvenirs drôles, amusants, tristes, heureux, fâchants ou merveilleux.

Ma famille

Je me souviens quand _____

_____.

Je me souviens quand _____

_____.

Je me souviens quand _____

_____.

Je me souviens quand _____

_____.

Je me souviens quand _____

_____.

de _____

Poèmes à compléter au fil des mois – Éditions Scholastic

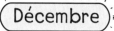

1. **Si tu pouvais hiberner comme certains animaux...**
2. **Remplis les blancs pour compléter le poème suivant.**

Vive l'hibernation!

Si j'étais un ours,

je _____.

Si j'étais une grenouille,
je m'enfouirais dans la vase au fond de l'étang.

Si j'étais un tamia rayé,

je _____.

Je _____
si j'étais un serpent.

Si j'étais un écureuil, je _____

_____ nid.

Mais je ne suis pas un animal.
Alors mon lit est mon abri.

La nuit est obscure,
et il neige dehors;
dans ma caverne de couvertures,
bien au chaud je m'endors.

de _____

Dans ce poème, la mitaine est animée. Complète le poème.

Que dirait une mitaine?

Je suis ta mitaine de laine

Je suis ta mitaine de laine,
bien chaude et de couleur beige.

Je fais des tas de boules de _____.

Je t'aide à _____

_____.

Je t'aide à _____

_____.

Je t'aide à _____

et je les _____.

À la fin de la journée,
quand tu m'enlèves enfin,
j'ai le temps de sécher
jusqu'au lendemain matin.

de _____

1. **Décris un flocon de neige.**

2. **Sur chaque ligne, compare le flocon de neige à autre chose.**

Exemple : *Un flocon de neige est doux comme une couverture de bébé.*

Le flocon de neige

Puis il atterrit sur mon nez.

Un flocon de neige est

Il flotte comme

doux comme

blanc comme

silencieux comme

de _____

L'hiver, on peut voir un peu partout des bonshommes de neige de tous genres.

Écris un poème décrivant un drôle de bonhomme de neige.

Tu peux te servir des mots dans l'encadré ou encore utiliser tes propres mots.

rond	joyeux	boutons
bossu	amusant	farfelu

Le bonhomme de neige

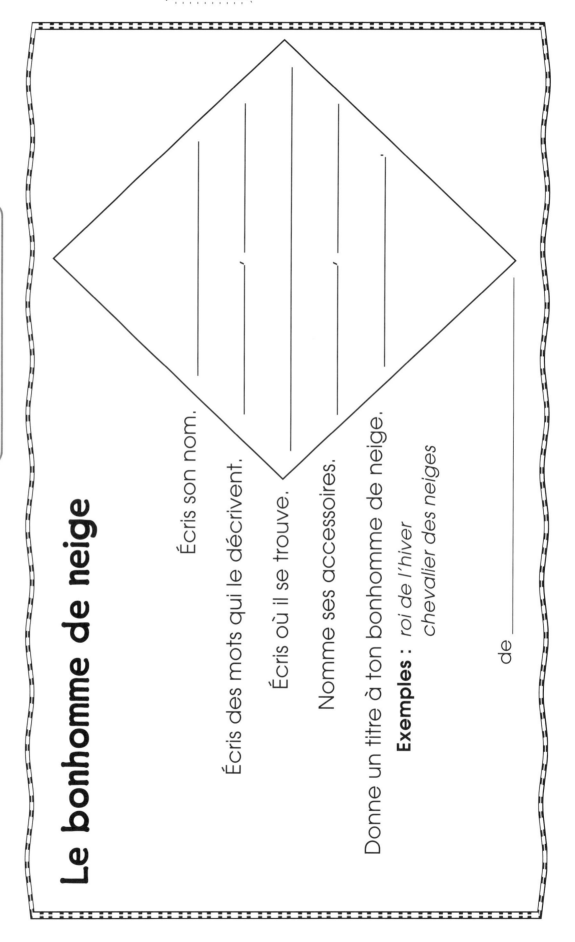

Écris son nom.

Écris des mots qui le décrivent.

Écris où il se trouve.

Nomme ses accessoires.

Donne un titre à ton bonhomme de neige.

Exemples : *roi de l'hiver*
chevalier des neiges

de _____

26

Fais des phrases sur le thème de la neige pour compléter le poème suivant.

Exemple : *On dévale les pentes glissantes tour à tour en traîneau.*

Neige fraîche

Les matins de neige fraîche,

On se lève, on se dépêche,

On _____.

On _____.

On _____.

On _____.

La neige peut fondre et s'en aller.

Quand elle est fraîche, on va jouer!

de _____

Poèmes à compléter au fil des mois – Éditions Scholastic

1. Le 100ᵉ jour d'école, pense au nombre 100.

2. Dans chaque paire de blancs, écris le nom d'un animal et un adjectif intéressant pour le décrire, comme *singes curieux*.

Pensées pour
le 100ᵉ jour d'école

100 _____ _____ seraient plus étonnants

que 100 _____ _____.

100 _____ _____ seraient plus attirants

que 100 cochons boueux.

100 _____ _____ seraient plus impressionnants

que 100 _____ _____.

100 _____ _____ seraient moins bruyants

que 100 ouaouarons joyeux.

100 _____ _____ seraient _____

que 100 _____ _____.

100 _____ _____ seraient plus amusants

que 100 chiens paresseux!

Poèmes à compléter au fil des mois – Éditions Scholastic

1. Fais une recherche pour compléter le poème suivant.

2. Remplis les blancs avec l'information que tu trouves.

Le jour de la Marmotte

En Amérique du Nord, chaque année,

on célèbre le jour de la Marmotte le _____.

Cette date correspond aussi au jour de la _____ ,

jour de réveil des animaux dormeurs.

Selon la tradition, on observe, ce jour-là,

une _____ qui sort de son _____.

Si le temps est _____ ,

la marmotte ne voit pas son ombre;

on dit que l'hiver est presque terminé.

Si la marmotte voit son ombre

parce qu'il fait _____ et froid,

dans son terrier, elle s'empresse de retourner.

_____ autres semaines, l'hiver va alors durer.

de _____

1. Avec de l'imagination, écris un valentin poétique.

2. Décore ton valentin.

L'amour à la Saint-Valentin

L'amour est rouge comme un _____.

L'amour a le parfum des plus belles fleurs.

L'amour est comme le chant des _____.

L'amour a le goût de _____.

L'amour ressemble à _____.

L'amour est un sentiment _____.

de _____

Poèmes à compléter au fil des mois – Éditions Scholastic

1. **Pense à l'un ou à l'une de tes ami(e)s.**

2. **Écris un poème qui décrit comment ton ami(e) et toi êtes inséparables.**
   Ton ami(e)
   pourrait être :

un(e) camarade de classe	un frère ou une sœur	un(e) voisin(e)
un animal familier	un(e) cousin(e)	quelqu'un d'autre

_____ et moi sommes inséparables

(Écris ici le nom de ton ami(e))

_____ et moi sommes des aimants.

Nous aimons _____ ensemble.

Nous aimons _____ ensemble.

Nous _____ toujours ensemble.

Et nous _____ toujours ensemble.

_____ et moi sommes des aimants.

Nous sommes inséparables.

N'importe où, n'importe quand,

Nous sommes ensemble tout le temps!

de _____

1. Écris ce qui arrive quand le printemps chasse l'hiver.

2. Remplis les blancs pour montrer comment le temps change.

Allez ouste, l'hiver!

« Allez ouste, l'hiver.

C'est mon tour »,

dit le printemps.

« Emporte _____.

J'arrive avec _____.

« Emporte _____.

J'arrive avec _____.

« Emporte _____.

J'arrive avec _____.

« Emporte _____.

J'arrive avec _____.

Allez ouste, l'hiver!

Il est temps de partir!

Ne sois pas fâché,

Un jour, tu vas revenir!

de _____

Poèmes à compléter au fil des mois – Éditions Scholastic

À l'aide des questions ci-dessous, écris un poème à effets sonores.

Tu peux te servir des mots dans l'encadré
ou de tes propres mots.

| flic | plouc | pan |
| ploc | plouf | flac |

Questions : *Quel son fait la pluie...*
sur la vitre d'une fenêtre?
sur le toit d'une voiture?
dans une flaque d'eau?

Effets sonores d'un jour de pluie

Plic, ploc, ploque-ti-plic.

La pluie tombe dans le seau en plastique et

_____.

La pluie _____

_____.

La pluie _____

_____.

La pluie _____

_____.

de _____

1. Ferme les yeux et imagine ce que fait le vent.

2. Complète le poème suivant à propos du vent.

Le vent du printemps ne peut pas
Le vent du printemps peut

Le vent ne peut pas soulever mon école,

mais il peut renverser une chaise.

Le vent ne peut pas transporter un arbre,

mais il peut _____.

Le vent ne peut pas vider un lac,

mais il peut _____.

Le vent ne peut pas enlever mon manteau,

mais il peut _____.

Le vent ne peut pas _____,

mais il peut _____.

On ne voit pas le vent fripon

alors qu'il souffle un peu partout.

Mais il a bien des façons

de se montrer autour de nous.

de _____

34

Laisse aller ton imagination et compose un poème à propos d'un lutin qui te rendrait visite chaque année à la Saint-Patrick.

Mon lutin

Mon lutin s'appelle _____.

Il aime manger _____ quand il a très faim.

Mon lutin _____ tous les matins.

À dos de _____, il va et vient.

Mon lutin déteste _____.

Chaque jour, il _____.

_____ mon lutin dort.

C'est _____ qu'il cache son or.

de _____

Remplis les blancs pour écrire un poème sur la fièvre du printemps.
Qu'as-tu le goût de faire quand le printemps revient?
Exemple : *J'ai le goût de faire une course avec une libellule.*

La fièvre du printemps

Quand le temps s'adoucit,
la bougeotte me prend.
Je deviens tout étourdi.
C'est la fièvre du printemps!

J'ai le goût de _____.
J'ai le goût d'attraper les rayons de soleil.

J'ai le goût de _____.
J'ai le goût de chatouiller une abeille.

J'ai le goût de _____.
J'ai le goût de faire des bonds comme un crapaud.

J'ai le goût de _____.
J'ai le goût de hurler comme un chiot.

Quand le printemps revient enfin,
Je deviens tout excité.
Je me sens libre comme l'air.
Et rien ne peut m'arrêter!

de _____

Poèmes à compléter au fil des mois – Éditions Scholastic

1. Comment s'amuser à l'intérieur quand il pleut?

2. L'image ci-dessous pourra t'aider à trouver des idées.

Plaisirs d'un jour de pluie

Quand la pluie t'oblige à rester
à l'intérieur toute la journée,
invite des amis à jouer
et sors tes jeux préférés.

Tout d'abord, _____

et _____.

Ensuite, _____.

Puis, _____.

N'oublie pas de _____.

Pour terminer, _____.

La journée sera vite passée
et tu te seras bien amusé(e)!

de _____

Avril

Pose des questions à propos des bébés animaux au printemps.

Exemple : *Est-ce que les bébés lapins ont un petit nez rose qui remue?*

Les bébés animaux

Est-ce que les bébés abeilles _____?

Est-ce que les bébés oiseaux _____?

Est-ce que les bébés escargots aiment l'eau?

Est-ce que les bébés tortues _____?

Est-ce que les bébés grenouilles _____?

Est-ce que les bébés alligators ont des écailles sur la peau?

Est-ce que les bébés _____?

Est-ce que les bébés _____?

Est-ce que les bébés écureuils ont un pelage chaud?

J'aimerais bien savoir comment
sont les bébés animaux du printemps.
Qu'ils aient des ailes, des queues ou des dents
je les trouve tous fascinants!

de _____

Poèmes à compléter au fil des mois – Éditions Scholastic

Un cerf-volant fait des soubresauts comme une méduse ou un cœur qui bat. Complète le poème suivant en comparant le cerf-volant à d'autres choses.

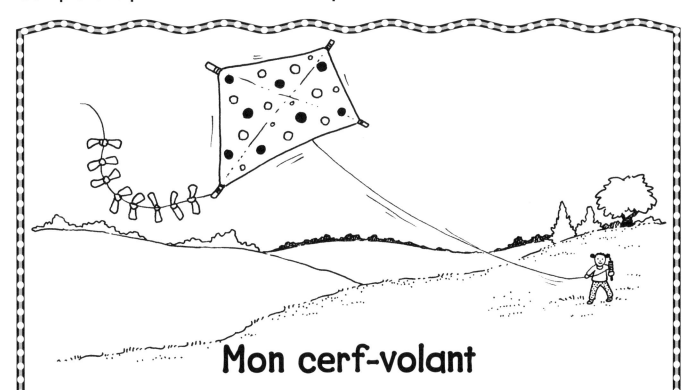

Mon cerf-volant

Mon cerf-volant fait des soubresauts comme une méduse.

Il s'élève comme _____.

Il frétille comme _____.

Il ondule comme _____.

Au loin, mon cerf-volant est petit comme _____.

Mon cerf-volant revient vers moi comme _____.

Au printemps, mon cerf-volant virevolte vivement

dans le vent.

de _____

1. Crée un poème dans un cercle.

2. Décris les quatre étapes de la vie d'un papillon : l'œuf, la chenille, la pupe dans sa chrysalide et le papillon!

Le cycle de vie du papillon

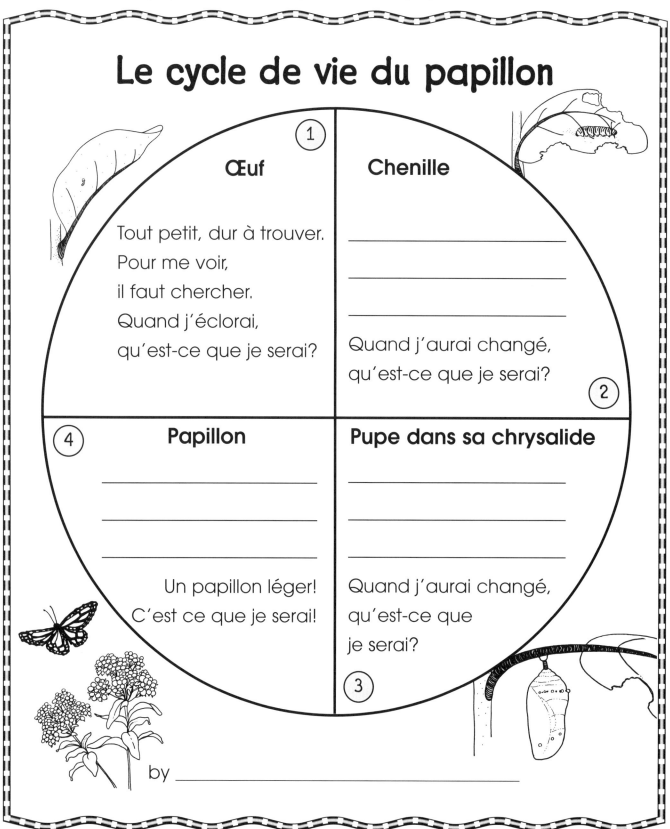

①

Œuf

Tout petit, dur à trouver.
Pour me voir,
il faut chercher.
Quand j'éclorai,
qu'est-ce que je serai?

Chenille

_____
_____
_____

Quand j'aurai changé,
qu'est-ce que je serai?

②

④

Papillon

_____
_____
_____

Un papillon léger!
C'est ce que je serai!

Pupe dans sa chrysalide

_____
_____
_____

Quand j'aurai changé,
qu'est-ce que
je serai?

③

by _____

Poèmes à compléter au fil des mois – Éditions Scholastic

1. Compose un poème pour la fête des Mères en remplissant les blancs en début de ligne avec le mot mère ou grand-mère, ou encore avec le nom d'une personne qui est comme une mère pour toi.

2. N'oublie pas de donner un titre à ton poème.
   Exemple : *Ma tante Lucie*

3. Remplis ensuite les blancs qui restent.

Ma _____
(Écris son nom ici.)

_____ dit toujours _____.

_____ vous dirait que je suis _____.

_____ m'aide à _____.

_____ et moi, nous aimons _____.

_____ déteste quand je _____.

_____ adore quand je _____.

Et pour la fête des Mères,

_____ mérite un merci bien sincère!

de _____

Inspire-toi de l'image ci-dessous pour écrire un poème sur les flaques d'eau.

Les flaques d'eau sont faites pour...

_____
_____
_____
_____
_____
_____

Mais par-dessus tout,

les flaques d'eau sont faites pour

_____!

de _____

Écris un poème avec les mots ci-contre et d'autres mots qui riment.

Écris sur des animaux de jardin : escargots, limaces, papillons, abeilles.

Fais rimer deux lignes à la fois. Amuse-toi!

escargot	limace	papillon	abeille
pot	place	ballon	oreille
seau	trace	rond	surveille
eau	face	buisson	pareil
haut	agace	bourgeon	merveille
rigolo	vorace	chardon	vieille
chaud	chasse	pont	soleil

Animaux du jardin

Dans mon jardin, le petit escargot _____

_____.

Dans mon jardin, _____

_____.

Dans mon jardin, _____

_____.

Dans mon jardin, _____

_____.

Escargots, abeilles, papillons, limaces.

J'espère qu'ils me laisseront une place!

de _____

Écris un poème avec d'autres enfants.

1. Dans les deux premiers blancs, écris pourquoi un papa est épatant, à ton avis.

2. Demande ensuite à d'autres enfants pourquoi les papas sont épatants.

3. Écris leurs réponses dans les autres blancs.

Les papas sont épatants

Les papas _____

_____ .

Les papas _____

_____ .

Les papas _____

_____ .

Les papas _____

_____ .

Les papas _____

_____ .

Les papas _____

_____ .

À la fête des Pères, c'est le bon moment
de dire aux papas pourquoi ils sont épatants!

de _____

1. Remplis les blancs avec des mots d'action et des mots descriptifs.

Exemple : *Je dévore*
  des cuillerées débordantes
  de salade de fruits dégoulinante

**2. Utilise les mots dans l'encadré
   ou bien tes propres mots.**

juteux	morceau	croque
déguste	cru	grignote
dégoulinant	fondant	avale
dévore	engloutis	succulent

Un délicieux pique-nique

Je <u>grignote</u>

une poignée de craquelins croustillants.

Je _____

des carottes et du céleri _____ .

Je _____

du poulet rôti _____ .

Je _____

une tranche de melon d'eau _____ .

Et j'avale en deux bouchées
un chou feuilleté à la crème fouettée.
Miam!

de _____

1. Quelle est la répétition qui forme la structure du poème suivant?
2. Remplis ensuite les blancs.

Une visite au zoo

Le guépard est fait pour courir.

Le singe est fait pour _____.

Le lion est fait pour _____.

Le _____ est fait pour _____.

La _____.

Le _____.

La _____.

Le _____.

La _____.

Un jour, j'irai libérer
les animaux du zoo
et ils iront n'importe où
faire ce qu'ils aiment
par-dessus tout.

de _____

Écris ce qui te manquera et ce qui ne te manquera pas à la fin des classes.

À la fin des classes

_____ ne va pas me manquer.

_____ ne vont pas me manquer.

_____ ne vont pas me manquer.

_____ ne va pas me manquer.

_____ va me manquer.

_____ vont me manquer.

_____ va me manquer.

_____ vont me manquer.

Les vacances d'été arrivent enfin.

On se reverra en septembre prochain!

de _____

Notes

Poèmes à compléter au fil des mois – Éditions Scholastic